Todos los libros de Linkgua Ediciones cuentan con modelos de Inteligencia Artificial entrenados por hispanistas. Pregúntale al chat de tu libro lo que desees acerca de la obra o su autor/a.

Para ebooks: Accede a nuestro modelo de IA a través de este enlace.

Para libros impresos: Escanea el código QR de la portada con tu dispositivo móvil.

Obtén análisis detallados de nuestros libros, resúmenes, respuestas a tus preguntas y accede a nuestras ediciones críticas generativas para una experiencia de lectura más enriquecedora.
La transparencia y el respeto hacia la autoría de las fuentes utilizadas son distintivos básicos de nuestro proyecto. Por ello, las respuestas ofrecen, mediante un sistema de citas, las fuentes con las que han sido elaboradas.

Autores varios

Decretos
de Nueva Planta

Barcelona 2024
Linkgua-ediciones.com

Créditos

Título original: Decretos de Nueva Planta.

© 2024, Red ediciones S.L.
© Edición de Guillermo Pérez Sarrión.

e-mail: info@linkgua.com

Diseño de cubierta: Michel Mallard.

ISBN rústica: 978-84-9007-533-3.
ISBN ebook: 978-84-9007-534-0.

Cualquier forma de reproducción, distribución, comunicación pública o transformación de esta obra solo puede ser realizada con la autorización de sus titulares, salvo excepción prevista por la ley. Diríjase a CEDRO (Centro Español de Derechos Reprográficos, www.cedro.org) si necesita fotocopiar, escanear o hacer copias digitales de algún fragmento de esta obra.

Sumario

Brevísima presentación

Los Decretos de Nueva Planta (o «plantilla»), llamados así en conjunto, suprimieron la mayor parte de los fueros de Aragón, Valencia, Cataluña y Mallorca, lo que tuvo importantes consecuencias políticas. Aparecen en la Novísima recopilación de las leyes de España en dos secciones distintas. Los primeros Decretos de Nueva Planta (Aragón, Valencia) figuraron en el libro III, referido al rey, como leyes promulgadas por él, tras las leyes generales (título II); se refieren a los llamados fueros provinciales (título III). Los últimos (Aragón, Valencia, Mallorca, Cataluña) fueron leyes de organización de los tribunales reales (chancillerías y audiencias, libro V), referidas a las nuevas Audiencias de Aragón, Valencia, Cataluña y Mallorca respectivamente (títulos 7 a 10).

Los Decretos de Nueva Planta tienen una enorme actualidad política al ser considerados por los independentistas catalanes la base histórica de los recortes de la autonomía de Cataluña.

Decretos de Nueva Planta, 1707-1716

1. Derogación de los fueros de Aragón y Valencia, 29-VI-1707

Ley I.
Don Felipe V en Buen Retiro por decreto de 29 de junio de 1707.
Derogación de los fueros de Aragón y Valencia y su reducción a las leyes y gobierno de Castilla.

Considerando haber perdido los Reinos de Aragón y de Valencia, y todos sus habitadores por el [=la] rebelión que cometieron, faltando enteramente al juramento de fidelidad que me hicieron como a su legítimo Rey y Señor, todos los fueros, privilegios, exenciones y libertades que gozaban, y que con tan liberal mano se les habían concedido, así por mí como por los Señores Reyes mis predecesores, particularizándolos en esto de los demás Reinos de esta Corona; y tocándome el dominio absoluto de los referidos Reinos de Aragón y de Valencia, pues a la circunstancia de ser comprendidos en los demás que tan legítimamente poseo en esta Monarquía, se añade ahora la del justo derecho de la conquista que de ellos han hecho últimamente mis Armas con el motivo de su rebelión.

Y considerando también, que uno de los principales atributos de la Soberanía es la imposición y derogación de leyes, las cuales con la variedad de los tiempos y mudanza de costumbres podría yo alterar, aun sin los graves y fundados motivos y circunstancias que hoy concurren para ello en lo tocante a los de Aragón y Valencia; he juzgado por conveniente (así por esto como por mi deseo de reducir todos mis Reinos de España a la uniformidad de unas mismas leyes, usos, costumbres y Tribunales, gobernándose igualmente todos por las leyes de Castilla tan loables y plausibles en todo el Universo) abolir y derogar enteramente, como desde luego doy por abolidos y derogados, todos los referidos fueros, privilegios, práctica y costumbre hasta aquí observadas en los referidos Reinos de Aragón y Valencia; siendo mi voluntad que estos se reduzcan a las leyes de Castilla, y al uso, práctica y forma de gobierno que se tiene y ha tenido en ella y en sus Tribunales sin diferencia alguna en nada; pudiendo obtener por esta razón mis fidelísimos vasallos los Castellanos oficios y empleos en Aragón y Valencia, de la misma manera que los Aragoneses y Valencianos han de poder en adelante gozarlos en Castilla sin ninguna distinción; facilitando yo por este medio a los castellanos motivos para que acrediten de nuevo los efectos de mi gratitud, dispensando en ellos los mayores premios y gracias tan merecidas de su experimentada y acrisolada fidelidad, y dando a los aragoneses y valencianos recíproca e igualmente mayores pruebas de mi benignidad, habilitándolos para lo que no lo estaban, en medio de la gran libertad de los fueros que gozaban antes, y ahora quedan abolidos.

En cuya consecuencia he resuelto, que la Audiencia de Ministros que se ha formado para Valencia, y la que he mandado se forme para Aragón, se gobiernen y manejen en todo, y por todo como las dos Chancillerías de Valladolid y Granada, observando literalmente las mismas regalías, leyes, práctica, ordenanzas y costumbres que se guardan en éstas, sin la menor distinción y diferencia en nada, excepto en las controversias y puntos de jurisdicción eclesiástica, y modo de tratarla, que en esto se ha de observar la práctica y estilo que hubiere habido hasta aquí, en consecuencia de las concordias ajustadas con la Sede Apostólica, en que no se debe variar; de cuya resolución he querido participar al consejo, para que lo tenga entendido (auto 3 título 2 libro 3 Recopilación).[1]

1   (aut. 3 tít. 2 lib. 3 R.). Hemos cpmpletado las abreviaturas del original. (N. del E.)

2. Restauración parcial de los fueros de Aragón y Valencia, 29-VII-1707

Ley II.

El mismo en Madrid por decreto de 29 de julio de 1707

Subsistencia de los fueros y privilegios de los buenos vasallos de Aragón y Valencia; y gobierno de estos Reinos uniforme al de Castilla.

Por mi Real decreto de 29 de junio próximo (ley anterior) fui servido derogar que todos los fueros, leyes, usos y costumbres de los Reinos de Aragón y Valencia, mandando se gobiernen por las leyes de Castilla.

Y respecto de que en los motivos que en el citado decreto se expresan, suenan generalmente comprendidos ambos reinos y sus habitadores, por haber ocasionado sus motivos la mayor parte de los pueblos; y porque muchos de ellos, y de las ciudades, villas y lugares, y demás Comunes y particulares, así eclesiásticos como seculares, y en todos los más de los Nobles, Caballeros, Infanzones, Hidalgos y Ciudadanos honrados han sido muy finos y leales, padeciendo la pérdida de sus haciendas, y otras persecuciones y trabajos que ha sufrido su constante y acrisolada fidelidad; y siendo esto notorio, en ningún caso puedo haberse entendido con razón fuese mi Real ánimo notar, ni castigar como delincuentes a los que conozco por leales.

Pero para que más claramente conste de esta distinción, no solo declaro, que la mayor parte de la Nobleza, y otros buenos vasallos del estado general, y muchos pueblos enteros han conservado en ambos Reinos pura e indemne su fidelidad, rindiéndose solo a la fuerza incontrastable de los enemigos los que no han podido defenderse, pero también les concedo la manutención de todos sus privilegios, exenciones, franquezas y libertades concedidas por los Señores Reyes mis antecesores, o por otro justo título adquiridas, de que mandaré expedir nuevas confirmaciones a favor de los referidos lugares, casas, familias y personas, de cuya fidelidad estoy enterado: no entendiéndose esto en cuanto al modo de gobierno, leyes y fueros de dichos reinos, así porque los que gozaban, y la diferencia de gobierno fue en gran parte ocasión de las turbaciones pasadas, como porque en el modo de gobernarse los reinos y pueblos no debe haber diferencia de leyes y estilos, que han de ser comunes a todos para la conservación de la paz y humana sociedad: y porque mi Real intención es, que todo el continente de España se gobierne por unas mismas leyes, en que son más interesados Aragoneses y Valencianos, por la comunicación que mi benignidad le franquea con los Castellanos en los puestos, honores, y otras conveniencias que van experimentando en los reinos de Castilla alguno de los leales vasallos de Aragón y Valencia (auto 4 título 2 libro 3 Recopilación).

3. Mantenimiento de los fueros alfonsinos en Valencia, 5-XI-1708[2]

Ley III.

Observancia de los fueros alfonsinos en el Reino de Valencia respectivos a la jurisdicción de los lugares que se fundaren de quince vecinos.

Enterado de lo que el Consejo me representa en consulta de 10 de septiembre de este año; he resuelto prevenirles, en cuanto a las jurisdicciones llamadas Alfonsinas, que supone el Fiscal revocadas, e incorporadas a mi Corona en virtud de la ley general en que he derogado los fueros de aquel Reino, que no puede subsistir el dictamen del Fiscal; lo primero, porque en la abolición de fueros no puede estar comprendido el fuero del rey don Alonso por el tiempo antecedente a la promulgación de la ley, u [=o] decreto de la derogación de fueros, ni causar perjuicio a los que en virtud del referido fuero, y cumpliendo con sus condiciones, adquieren el derecho de la jurisdicción por la ley; y lo segundo, porque estas jurisdicciones alfonsinas que tuvieron su origen en el fuero setenta y ocho, fueron adquiridas en fuerza de un contrato oneroso celebrado entre los Prelados y Ricos-hombres de aquel Reino y el rey don Alfonso, concediéndoles este la jurisdicción de todos los lugares que fundaren de quince vecinos; y habiendo en aquella buena fe y promesa gastado aquellos naturales sus caudales en fundaciones de lugares, no se les puede quitar la jurisdicción, aunque después por la ley general se hayan re-

---

2   Fuente: *Novísima recopilación de las leyes de España...* (1805), ed. BOE, Madrid 1992, libro III, título III, ley III (tomo II, págs. 14-15). Ortografía y puntuación modernizadas. (N. del E.)

vocado los fueros, por razón de haber sido adquirida en fuerza del referido contrato oneroso; y esta ley solo podía tener estos efectos en adelante en las fundaciones que de nuevo se hicieren después del decreto derogatorio de los referidos fueros: tendráse entendido así en el Consejo para su observancia (auto 8, título 2, libro 3 Recopilación).

4. Establecimiento de un nuevo gobierno de Aragón y planta de su Real Audiencia, 3-IV-1711

Sobre establecimiento de un nuevo gobierno en Aragón, y planta interina de su Real Audiencia de Zaragoza.

Entre otras cosas que he tenido por conveniente resolver, para establecer en Aragón un nuevo gobierno por ahora y por providencia interina, es una la de que haya en él una Audiencia compuesta de un regente y dos salas, la una de cuatro ministros para lo civil y la otra de cinco para lo criminal, y un fiscal que asista en una y otra sala.

Y considerando la precisión de establecer algún gobierno en este reino de Aragón, y que para arreglarle perpetuo e inalterable se necesita de muy particular reflexión y largo tiempo, lo que no permite hoy el principalísimo cuidado de atender a la continuación de la guerra, he resuelto por ahora, por providencia interina, que haya en este reino un comandante general a cuyo cargo esté el gobierno militar, político, económico y gobernativo de él. Y asimismo, que haya una Audiencia con dos salas, la una para lo civil con cuatro ministros, y la otra con cinco para lo criminal, y un fiscal que asista en una y otra sala, y los subalternos necesarios; y que también haya un regente para el régimen de esta Audiencia. La cual es mi voluntad se componga de personas a mi arbitrio, sin restricción de provincia, país ni naturaleza; entendiéndose, que en la Sala del crimen se han de juzgar y determinar los pleitos de esta calidad según las costumbres y leyes de Castilla, aplicándose las penas pecuniarias a la tesorería de la guerra, sin mezclarse ni oponerse a los Bandos militares, ni disputar ni contradecir la ejecución de ellos.

Y que la Sala civil ha de juzgar los pleitos civiles que ocurrieren según las leyes municipales de este reino de Aragón, pues para todo lo que sea entre particular y particular es mi voluntad se mantengan, queden y observen las referidas leyes municipales; limitándose solo en lo tocante a los contratos, dependencias y casos en que yo interviniere con cualquiera de mis vasallos, en cuyos referidos casos y dependencias ha de juzgar la expresada sala de lo civil según las leyes de Castilla.

Y declaro, que el comandante general de este reino ha de presidir la referida Audiencia, vigilando mucho sobre los ministros de ella, y cuidando que los pleitos se abrevien y determinen con la mayor prontitud.

Y asimismo declaro, que los recursos y apelaciones en tercera instancia de las causas, así civiles como criminales, que se determinaren por las referidas Salas, se han de admitir para el Consejo de Castilla, adonde mandaré que de los ministros de él se junten en una de sus Salas los que estuvieren más instruidos en las leyes municipales de este reino, para determinar en esta tercera instancia los referidos pleitos.

Y por lo que mira a los salarios de los ministros de esta audiencia, resuelvo, se les paguen según y en la forma que se practicaba hasta el año de 1705, y de los efectos al respecto de lo que yo les reglare.

También he resuelto, que para la recaudación, administración y cobranza de todo lo perteneciente a rentas reales en este reino, haya un Administrador de ellas; y asimismo es mi voluntad que para este propio efecto quede establecida una sala con nombre de Junta o Tribunal del Erario, en que han de concurrir el comandante general de este reino, que ha de presidirla, y ocho personas, las dos eclesiásticas, que la una sea el obispo, abad o comendador, y otro canónigo de una de las Iglesias del Reino, o caballero de la Religión de San Juan, dos de la primera nobleza, dos del estado de hijosdalgo, y dos ciudadanos de Zaragoza. Y declaro que esta junta o tribunal ha de tener autoridad sobre los pueblos en las materias de Hacienda debajo de mis reales órdenes y las del comandante general, y cuidar de la administración, repartimiento y cobranza de todas las rentas, tributos, y otras cualesquier imposiciones que se establecieren en este reino; caminando de acuerdo, para su mejor logro y recaudación, con el Administrador general, y éste con el comandante general que, como viene dicho, ha de presidir siempre en esta Junta o Tribunal.

Y asimismo declaro que las referidas ocho personas nombradas para la expresada Junta o Tribunal han de ser removidas o mantenidas a mi arbitrio y por el tiempo de mi voluntad, quedando en reglar y señalar los sueldos que hubieren de gozar.

También he tenido por conveniente, que este reino se divida en distritos o partidos, como pareciere más conveniente, y que en cada uno haya un gobernador militar, que yo nombraré, con subordinación en todo al comandante general; y que las dudas y recursos que ocurrieren en materia de gobierno, se me consulten por medio del comandante general, y de los gobernadores de los partidos, que cada uno en el suyo ha de cuidar del gobierno político y económico de él, admitiéndose para el Consejo de Guerra las apelaciones que en materia de esta calidad ocurrieren.

Y en cuanto a los sueldos, así del comandante general como de los gobernadores, es mi Real ánimo se les paguen por la Tesorería de la Guerra, para que los pueblos no sean molestados con las ejecuciones militares; bien que los referidos pueblos de cada distrito han de estar obligados a poner en la Tesorería General de Guerra cada seis meses el importe de ellos, según lo que yo reglare. En lo tocante al gobierno municipal de las ciudades, villas y lugares de este Reino ha de ser la elección y nominación mía de las justicias, jueces y subalternos, según el número de personas que pareciere; como también el nombramiento de corregidor o alcalde, y sus subalternos; los cuales en el ejercicio de sus empleos y administración de justicia han de observar las mismas reglas y leyes que queda prevenido y reglado para las dos salas de la Audiencia; ejecutando lo mismo los demás Jueces, y otras cualesquiera personas que administraren justicia en este reino.

Y por lo que toca a lo eclesiástico no es mi intención perjudicarle, ni tampoco minorar en nada mis regalías; por lo cual resuelvo que todas las materias eclesiásticas y cualesquiera regalías que antes se administraban por el Justicia de Aragón y su Tribunal, y por cualesquiera otros, corran ahora, y se administren y dirijan por el regente y sus ministros de la Audiencia, o por las personas que en adelante me pareciere diputar a este fin; pues para todo ello, y lo demás que ahora delibero y queda expresado en toda esta resolución, reservo en mí el alterar, variar o mudar siempre, en todo o en parte, lo que quisiere y juzgare por más de mi Real servicio (*auto 9 y 10, título 2, libro 3 [de la] Recopilación*).

5. Resolución de organización de la Real Audiencia de Valencia, 16-V y 11-VI-1716

23

Ley I.

Don Felipe V en Madrid por resol[ución] a cons[ulta] de 16 de mayo y 11 de junio de 1716.

Reducción de la Chancillería de Valencia a Audiencia conforme a la de Aragón, y conclusión de los pleitos en ella, con reserva de los recursos de segunda suplicación al Consejo.

Por los motivos y consideraciones que el Consejo [de Castilla] me representa he venido en [decidir] que la Chancillería de Valencia se reduzca a Audiencia en la misma forma que la de Aragón, y así lo he mandado prevenir a la Cámara [de Castilla]; y mando que las causas y pleitos introducidos y que se introdujeren en la Audiencia de Valencia se fenezcan en ella, donde se podrán seguir asimismo los juicios posesorios de los fideicomisos y los de la sucesión en propiedad de ellos, dejando libre el remedio extraordinario de la segunda suplicación de mil y quinientas (aut[os] 17 y 18, título 2, libro 3 Recopilación).[3]

3   Por Real decreto de 10 de junio de 1760 se previno que los intendentes y juzgados de Rentas Reales del Reino de Valencia conociesen privativamente de todas las causas tocantes a Rentas Reales y demás derechos del Real Patrimonio, con absoluta inhibición de la Audiencia, a la que se mandó remitiese originales todos los procesos pendientes y que se abstuviese en adelante de conocer en semejantes causas.
Por Real resolución a consulta de 29 de noviembre de 1785, con motivo de competencia entre el intendente de Valencia y un alcalde de su Real Audiencia como juez de provincia sobre conocer del establecimiento de un molino harinero y su denuncia, declaró S. M. corresponder al intendente como subdelegado del antiguo bayle general. Y para evitar competencias de esta clase mandó, por punto general, que los intendentes en materia de establecimientos conozcan también en todas las incidencias y negocios que se suscitaren relativos a ellos hasta que el enfiteuta logre el libre y expedito uso y aprovechamiento del dominio útil en la alhaja establecida, quedando al conocimiento de la justicia ordinaria cualesquiera acciones que de nuevo se intentaren y no se dirijan a invalidar o dar por el pie los mismos establecimientos.
Hemos incluido algunas de las excelentes notas de Guillermo Pérez Sarrión a los Decretos. Para consultar su edición véase Decretos de Nueva Planta.

6. Decreto de Nueva Planta de Mallorca, 28-XI-1715

Ley I.
Don Felipe V en Buen Retiro por Real decreto de 28 de noviembre de 1715.
Establecimiento y planta de la Real Audiencia de Mallorca.

Aunque por diferentes pragmáticas de los Reyes mis predecesores se halla reglado el gobierno de la isla y Reino de Mallorca, he considerado, que las turbaciones de la última guerra le han dejado en estado que necesita de algunas nuevas providencias para su mayor seguridad, paz y quietud de sus naturales; por lo cual he resuelto, que en la Audiencia, compuesta de un regente, cinco ministros y un fiscal, presida el comandante general de mis armas que hubiere en aquel Reino, sin voto en las cosas de justicia, aunque le tendrá en las de gobierno; y se le deberá avisar en las graves, antes de tratarse, por medio del escribano mayor de la Audiencia o con papel del regente, por si quiere concurrir.

1. El regente de la Audiencia gozará dos mil reales de a ocho de salario al año, y los ministros togados y fiscal mil cada uno.[4]

2. El referido regente y ministros han de conocer de las causas civiles y criminales en la forma y manera que lo hacían antiguamente; y el fiscal ha de entender solo en hacer las instancias que convengan, en las causas criminales y civiles en que tuviere interés el Real Fisco; teniéndose entendido, que el regente no ha de poder por sí despachar cosas pertenecientes

---

4   Por el último reglamento y Real decreto de 12 de enero de 1763 (ley 15, título 2, libro 4), se asignan 36.000 reales al regente de Mallorca y 18.000 a cada uno de sus ministros y fiscal.

a justicia, porque todas han de correr por la Audiencia con los cinco ministros; de los cuales los dos más modernos harán las sumarias de causas criminales, prisiones, y las demás que convenga y acordare la Audiencia. Esta se juntará tres horas por la mañana todos los días que no fueren feriados, y los lunes y jueves por la tarde para tratar cosas de Gobierno y votar pleitos; observándose en cuanto a las fiestas de Corte lo que antiguamente se practicaba.

3. Y porque estos ministros tendrán que tratar muchas cosas de gobierno, y para que puedan más prontamente despachar las causas que ocurrieren, he resuelto también, que por ahora haya dos relatores que por turno hagan relación de las causas civiles y criminales y cobren los derechos en la forma que se cobraban antes en los Juzgados de Mallorca los de sentencia; haciendo la cuenta de forma que cada uno de los dos relatores perciba cuatrocientos reales de a ocho al año, sin tomar cosa alguna de las partes; y estos relatores tendrán el primer asiento en el banco de los abogados. Y para que las partes logren toda la mayor satisfacción en la administración de la justicia, substanciándose las causas públicamente, y ante toda la Audiencia, he resuelto así mismo se celebre los viernes, miércoles, y lunes audiencia pública, en la cual se darán por escrito las peticiones que las partes quisieren. Y podrán también en otro día presentarlas ante el escribano de la causa si se pasaren los términos, los cuales han de ser arbitrarios, así en las causas civiles como en las criminales, a fin de que se puedan abreviar, y obviar dilaciones calumniosas.

4. En el modo de proceder en las causas civiles y criminales, número de escribanos y ministros inferiores, arancel de derechos y lo demás, se observarán las pragmáticas y estilos

antiguos;[5] teniendo entendido que las apelaciones, que antes se interponían al Consejo de Aragón, se interpondrán y admitirán en adelante para el Consejo de Castilla;[6] y si sobre

5   Por Real resolución de diciembre de 1717 a consulta del Consejo, sobre dieciséis dudas propuestas por la Real Audiencia de Mallorca de resultas de su establecimiento, se declaró a la primera de ellas, que las sentencias, decretos y provisiones se escriban en castellano, expresando motivos, y no en latín, como se hacía antiguamente; y que lo prevenido sobre que se observasen las pragmáticas y estilos antiguos mira a que los ministros de la nueva Audiencia conozcan de las causas civiles y criminales, como lo hacían los de la antigua, y no al modo y demás circunstancias del juicio o autos judiciales. Y a la cuarta de dichas dudas se resolvió que en las causas ejecutivas, y modo de despachar las letras antiguamente, se ejecutase la forma de despachos que proponía la Audiencia, y expresaba en su Acuerdo de 15 de septiembre de [1]716 (duda[s] 1 y 4 del auto 22, título 2, libro 3 Recopilación).

6   Por Real resolución a consulta de 7 de septiembre de 1707 y consiguiente providencia del Consejo, se mandó que la Sala de justicia viese y determinase los pleitos que quedaron pendientes al tiempo de la extinción del Consejo de Aragón y los que después se promoviesen. En auto acordado del Consejo de diciembre de 1719 se prescribió el modo y forma de despachar el Consejo las letras *causa videndi* en los pleitos de la Audiencia de Mallorca (auto 22, título 2, libro 3 Recopilación).

En otro acordado del Consejo pleno de 19 de julio de 1741, con motivo de haber dudado la Audiencia de Mallorca sobre el cumplimiento de unas letras *causa videndi* presentadas en pleito que ya se hallaba visto en discordia; se resolvió que las diese el debido cumplimiento y remitiese los autos en la forma ordinaria; y para que sirviese de regla en lo sucesivo, se declaró que las letras *causa videndi* se debían cumplir siempre que se notificasen antes de la publicación de la sentencia, o que a lo menos estuviese en poder del escribano para publicarse.

Y por Real resolución a consulta del Consejo de 21 de febrero de 1778 se declaró que el auto de la Sala de justicia confirmatorio o revocatorio de la sentencia de la Audiencia de Mallorca [fuera] causa ejecutoria.

estas cosas antiguas hubiere alguna que necesite de reformación, me la consultará la Audiencia.

5. Necesitándose en el presente estado de la isla y Reino de Mallorca atender con el mayor cuidado y vigilancia a su mejor gobierno; y siendo, para lograrle, de la mayor importancia elegir las personas más hábiles y no exponerle a la contingencia del sorteo, he resuelto que por ahora, y durante mi voluntad, se nombren veinte jurados[7] que rijan y gobiernen lo económico y político de la ciudad de Palma y doce para que gobiernen la de Alcudia también en lo económico y político, y en los demás lugares del Reino los que fueren necesarios según el número de la población de cada uno; reservándome yo la nominación de los que hubieren de elegirse para las dos ciudades de Palma y Alcudia; y haciéndola la Audiencia por lo que mira a los otros lugares, de que me dará cuenta.

6. He resuelto asimismo, haya un veguer[8] en la ciudad de Palma con dos asesores letrados; y otro en la de Alcudia, con un asesor letrado, y un bayle[9] en cada uno de los demás lugares.[10] Los cuales veguer y bayles han de conocer en primera instancia de las causas civiles y criminales con apelación a la Audiencia; y en las criminales, luego que se cometiere delito

---

7   Por la citada resolución de 11 de diciembre de 1717 a la duda nueve se mandó que estos jurados sirvan por dos años sus oficios (duda 9 del auto 22, título 2, libro 3 Recopilación).

8   Magistrado que ejercía antiguamente funciones gubernativas, judiciales y militares en las veguerías, jurisdicciones medievales de las regiones españolas de Aragón, Cataluña y Baleares. (N del E.)

9   Oficial de la Administración de Justicia con funciones jurisdiccionales. (N del E.)

10 En la citada resolución y a su duda décima se ordena que las villas en sus concejos propongan y nombren los bayles, que [éstos] solo duren tres años, y que no puedan ejercer sus oficios sin la aprobación del comandante con la Audiencia (duda 10 del auto 22, título 2, libro 3 Recopilación).

grave en la jurisdicción de cada lugar o ciudad, deberá el veguer o bayle dar cuenta a la Audiencia para que ésta nombre y envíe un juez pesquisidor que evacúe la causa o haga lo que más convenga, respecto de que en las causas criminales ha de tener la Audiencia, como mando tenga, libre y superior autoridad.

7. Siendo mi intención honrar y premiar indistintamente todos mis vasallos según el mérito de cada uno y emplearlos como juzgare más conveniente, declaro y mando que en adelante cesen en Mallorca las costumbres y leyes que hablan de extranjería.[11]

8. Se mantendrá el Consulado de la Mar; y lo que fuere necesario establecer para su mejor gobierno me lo representarán la Audiencia y el Intendente con todo lo demás que juzgaren conveniente para el aumento y ventajas del comercio de la isla.[12]

9. Y porque en el estado presente de la referida isla, estando sin el abrigo de otros dominios míos, se halla más expuesta a las invasiones de los moros de África, y por esta razón es necesario y aún preciso mantener en ella mayor número de tropas, resultando de aquí más gastos, y conviniendo ex-

11 En la ya citada Real resolución de 11 de diciembre de [1]717, y duda segunda de las contenidas en ella, se declaró que la abolición de las leyes y costumbres respectivas a extranjería solamente comprende los oficios y empleos seculares; y en cuanto los eclesiásticos, para darles la justa inteligencia, [que] remitiese la Audiencia al Consejo copia de las concordias y bulas que citaba en sus representaciones (duda 2 del auto 22, título 2, libro 3 Recopilación).

12 En la misma resolución, y a las dudas sexta y séptima, se manda mantener los tribunales del Consulado como antes; y quedar resumidos e incorporados en el intendente el oficio de clavario, por cuyo cuidado corrían las cobranzas, sisas y vectigales, y el de juez ejecutor que declaraba los casos en que debían pagar derechos los particulares (dudas 6 y 7 del auto 22, título 2, libro 3 Recopilación).

cusar los no precisos, he resuelto cesen por ahora los oficios de procurador general y bayle de la fortificación y los demás de que no se hace especial mención en este decreto; y correrá lo que toca a gobierno y justicia por la Audiencia, y lo que mira a Hacienda por un Intendente, o por la persona que yo nombrare; quien me dará cuenta de los censos y cargas que hubiere sobre las rentas para dar pronta providencia a la satisfacción de las que debieren pagarse.

10. Y sobre la última concordia, aprobada por el rey don Carlos II mi tío en 15 de enero de 1694, me consultarán el comandante general, el regente y ministros de la Audiencia, y el intendente, lo que les ocurriere y pareciere más justo y conveniente; quedando por ahora reservadas a mi disposición la regalía de fabricar moneda y las demás, así en la isla de Mallorca como en la de Ibiza.

11. Y por la misma razón se reglarán los alojamientos y cuarteles de las tropas por mi comandante general de aquel reino según la necesidad, atendiendo a que se moleste a aquellos naturales lo menos que sea posible.

12. En la isla de Ibiza habrá un ministro que conocerá de las causas que se ofrecieren en ella, y otorgará las apelaciones, como antiguamente se hacía; y lo perteneciente a Hacienda en aquella isla será gobernado por el intendente de Mallorca.

13. En todo lo demás que no está comprendido en este decreto es mi voluntad, y mando, se observen todas las Reales pragmáticas y privilegios con que se gobernaba antiguamente la isla y reino de Mallorca menos en las causas de sedición y crimen de lesa Majestad; y en las cosas y dependencias pertenecientes a Guerra quedará por ahora todo libre a la

disposición de mi comandante general (auto 15, título 2, libro 3 Recopilación).[13]

13 Por autos del Consejo de 1.º de abril y 17 de septiembre de 1717, con
    motivo de duda ocurrida sobre el orden, forma y modo de publicar
    cierto bando prohibitivo de la extracción de aceite del Reino de Ma-
    llorca, se resolvió que los bandos que se publicaren así en él como
    en el de Aragón, Valencia y Cataluña, se hagan en nombre de los co-
    mandantes como presidentes de las Audiencias, y de los regentes y
    oidores de ellas (auto 20, título 2, libro 3 Recopilación).

7. Decreto de Nueva Planta de Cataluña, 16-I-1716

Don Felipe V en Madrid por Real decreto de 16 de enero de
1716
*Establecimiento y nueva planta de la Real Audiencia de Ca-
taluña.*

Por decreto de 9 de octubre próximo [pasado] fui servido
decir que, habiendo con la asistencia divina y justicia de mi
causa pacificado enteramente mis armas el Principado de Cataluña, tocaba a mi Soberanía establecer gobierno en él, y dar
providencias para que sus moradores vivan con paz, quietud
y abundancia; para cuyo fin, habiendo precedido madura deliberación y consulta de ministros de mi mayor confianza;
he resuelto que en el referido Principado se forme una Audiencia, en la cual presida el capitán general o comandante
general de mis armas, de manera que los despachos, después
de empezar con mi dictado, prosigan en su nombre. El cual
capitán general o comandante ha de tener voto solamente
en las cosas de gobierno, y esto hallándose presente en la
Audiencia; debiendo, en nominaciones de oficios y cosas graves, el regente avisarle un día antes lo que se ha de tratar,
con papel firmado de su mano, y de palabra con el escribano
principal de la Audiencia; y si el negocio pidiere pronta deliberación, se avisará con más anticipación.

2. La Audiencia se ha de juntar en las casas que antes estaban destinadas para la Diputación, y se ha de componer
de un regente y diez ministros para lo civil, y cinco para lo
criminal, dos fiscales y un alguacil mayor. Al regente [se le
pagará] con seiscientos doblones, a los ministros y fiscales
con trescientos cada uno, y al alguacil mayor [con] doscien-

tos. Los de lo civil han de formar dos salas; y en ellas se han de distribuir los pleitos por turno, de manera que todos los escribanos de una y otra sala se igualen en el trabajo y emolumentos: y que las dudas que sobre esto se ofrecieren las decida el regente sin recurso y sin la menor retardación del curso de la justicia.

3. Habiendo, considerado que la suplicación que antiguamente se interponía de una sala otra tiene el inconveniente de mayor dilación, por haber la sala de informarse nuevamente del pleito, mando que las suplicatorias se interpongan a la misma sala donde se ha dado la sentencia. Y en el caso de ser contraria la primera [y] la segunda, para la tercera deberá asistir el regente con un ministro de la otra sala, que intervendrá por turno, o dos o más si hubiere alguno o algunos enfermos, de manera que sean los votos siete; cuyo medio se ha considerado más fácil y conveniente que el de la tercera sala que antes había.[14]

4. Las causas en la Real Audiencia se substanciarán en lengua castellana; y para que por la mayor satisfacción de las partes los incidentes de las causas se traten con mayor deliberación, mando que todas las peticiones, presentaciones de instrumentos, y lo demás que se ofreciere, se haga en las

14 Por autos de 21 de mayo, de 18 de julio y 14 de agosto de 1723, en vista de dudas propuestas por la Audiencia de Cataluña, se acordó que, faltando en la sala criminal de ella ministros que la formasen, se nombrasen por el regente los necesarios de las salas civiles; y en la misma conformidad, siempre que en una de estas se necesitase de otros ministros para la vista de cualquier pleito, nombrase los precisos de la otra sala civil conforme a lo prevenido por las leyes del Reino; y que, en caso de ausentarse un oidor teniendo vistos algunos pleitos, se eligiese otro a quien se haga relación de ellos, y los vote in voce, fundándolos en la conformidad que por los decretos de nueva planta, constituciones antigua y nueva de dicha Audiencia y cédulas está prevenido (auto 29, título 2, libro 3 Recopilación).

salas. Para lo corriente y público se tenga audiencia pública lunes, miércoles y viernes de cada semana en una de ellas, por turno de meses.

5. Pero las peticiones y presentaciones de instrumentos se podrán hacer en otros días ante los Escribanos; y se dará cuenta en audiencia pública, para que no se pasen los términos de las causas, si los hubiere señalados.

6. Y porque puede la malicia de los litigantes procurar la dilación de los pleitos; mando, que los términos de prueba y otros puedan limitarse o ceñirse, según cada una de las salas juzgare ser justo; porque su fin ha de ser evitar las calumnias, y administrar justicia con la mayor brevedad y satisfacción de las partes.

7. Por embarazar mucho a los ministros la relación de los pleitos, para el más pronto expediente, aunque las partes por lo pasado tenían la satisfacción de verse y relatarse por uno de los que habían de votar, para ocurrir a uno y otro he resuelto que para cada sala haya dos relatores letrados, graduados de doctores o licenciados en Universidad aprobada, y que hayan practicado cuatro años con abogados, y si no [es así al menos] con asesores de algún juez ordinario; los cuales hayan de tener el primer asiento en el banco de los abogados, y hacer la relación presentes [=presente a] las partes. Y como antes se pagaba el derecho de sentencia, que se aplicaba a los ministros, ahora deberá aplicarse a los relatores, y se cobrará de la manera que antes, para que no reciban cosa alguna de mano de las partes. Y dichos derechos de las sentencias se reducirán a cantidad que poco más o menos tenga al año seiscientas libras de vellón de Cataluña cada relator. Y éstos han de entregar sumarias o memoriales ajustados si lo mandare una de las salas, para que se imprima a costa de las partes, comprobadas antes en su presencia o con su citación, sin otro

salario que el dicho; teniéndose entendido que los referidos relatores han de ser prácticos y expertos en los negocios de Cataluña, para poder comprender bien los procesos y escrituras antiguas. Y los elegirá la Audiencia con intervención del comandante general si quisiere concurrir.

8. El fiscal civil asistirá en las salas, y tendrá un procurador o agente fiscal, con salario de cuatrocientas libras de vellón de Cataluña en cada un año; y se observará lo mismo en lo criminal.

9. Ha de haber seis escribanos en la Audiencia civil, tres para cada sala; uno de ellos ha de ser el principal, y que despache todas las cosas de Gobierno, y lo demás que la Audiencia le ordenare; y este tendrá a su cargo el cuidado del archivo, de que el ministro más moderno ha de tener llave de lo que pareciere a la Audiencia debe estar más guardado.

10. A ella asistirán los ministros tres horas por la mañana todos los días que no fueren feriados, y los lunes y jueves por la tarde, juntándose todos en una sala para tratar cosas de gobierno o votar pleitos; y el regente asistirá en una de las dos salas civiles, y también por las tardes, o en la sala [de lo] criminal, y votará las causas en que asistiere a la relación.

11. Me dará cuenta la Audiencia de los días feriados que había en la antigua de Cataluña, para establecer los que ha de haber; y mientras no se resolviere observará los de antes menos los que llaman estivales.

12. Y si en alguna causa hubiere paridad de votos en alguna Sala, pasará un ministro de la otra por turno; y concurriendo este (a quien se le hará relación) se volverá a votar la causa.

13. Los abogados y procuradores serán admitidos por la Audiencia y sin esta circunstancia no podrán patrocinar causas.

14. Los cinco ministros togados de lo criminal han de asistir tres horas por la mañana, todos los días que no fueren feriados, para substanciar, como se ha dicho, en las salas civiles las causas, teniendo audiencia pública martes, jueves y sábado; y si ocurriere algún caso pronto a otras horas, o en otro día, se juntará en casa del regente, o en la del más antiguo, si estuviere ausente o impedido.

15. En las causas criminales se ha de poder proceder en la Audiencia y demás juzgados de Cataluña de oficio, a instancia de parte o del Fiscal; se ha de hacer secuestro o embargo de los bienes del reo después que sea decretada su prisión; los términos de prueba y otros se han de poder limitar a arbitrio del juez; [y] se han de poder imponer penas pecuniarias y la de confiscación en los casos y como procediere de derecho. Y todo lo referido aquí, y demás que se expresare, se ha de entender con todo género de personas de cualquier estado, grado o condición, sin que haya lugar profano exento para las prisiones y demás que ocurriere; debiendo administrarse la justicia criminal sin embarazo alguno, de cualquier calidad que sea.

16. Y para que esto se ejecute así en todo el Principado, y porque puede haber algunos lugares en los cuales pertenezca el nombramiento de justicias a algunas comunidades o personas particulares (sobre lo cual harán las instancias que convengan los fiscales, y la Audiencia me consultará), mando, que la sala criminal esté muy a la vista de todas las ciudades, villas y lugares y de sus Justicias; castigue a los que fueren delincuentes o negligentes; avoque las causas que le pareciere convenir; reconozca si están o no como deben, o las detenga o devuelva; y haga sobre ello todo cuanto fuere justo y conveniente, para que en todas partes se esté con el cuidado

que se debe en lo que tanto importa para la quietud de esta provincia, castigo de los malos y seguridad de los buenos.

17. En las causas criminales habrá suplicación o apelación de la sentencia de los jueces ordinarios a la misma sala; pero si las probanzas fueren claras y en delitos graves, convendrá no dilatar el castigo; y en la sentencia de tormentos se observará lo dispuesto por derecho; pero las justicias de las ciudades, villas y lugares no podrán pasar a la ejecución sin consultar la sentencia y proceso con la sala, a quien deberán remitir uno y otro.

18. Cada uno de los ministros criminales podrá recibir información sobre los delitos, y substanciar la causa hasta hallarse en estado de tomar la confesión.

19. Ha de asistir en dicha sala, a las horas que los ministros, el fiscal [criminal]; y [éste] ha de substituir, en caso de vacante, ausencia o impedimento del fiscal civil [a este último]; y éste [=el fiscal de lo civil ha de hacer lo mismo] para lo criminal [=con el fiscal de lo criminal].

20. También ha de asistir a las mismas horas el alguacil mayor en los días que no estuviere legítimamente ocupado; el cual ha de rondar, y dar cuenta a uno de los ministros, luego que ejecutare alguna prisión; y ha de hacer lo que se le encargare por las salas.

21. Porque los ministros de la sala criminal han de asistir a rondas, y hacer sumarias, recibir informaciones y examinar testigos, y podría retardarse la expedición de las causas, si se hubiese de hacer relación de ellas; mando, que haya dos relatores para las causas criminales, los cuales tengan el salario de quinientas libras de vellón de Cataluña cada uno, y que no puedan recibir cosa alguna de las partes directa ni indirectamente; y tengan las mismas calidades que los de la civil, y el mismo asiento en la sala; y la elección de esto se ha de

hacer por ella misma, asistiendo el regente, y el comandante general, si quisiere.

22. Ha de haber dos escribanos para substanciar las causas en la sala criminal, los cuales percibirán los derechos conforme el arancel, y seis escribanos para que asistan a los ministros criminales, y alguacil mayor en las rondas y sumarias, a los cuales se señalan también sus derechos en el arancel. Y en caso de vacante, ausencia o impedimento de alguno de los dos escribanos de la sala, entrará uno de los seis por su turno a substanciar las causas; y si en los emolumentos u otra cosa se ofreciere duda, se me consultará; porque mi Real intención es que la justicia se administre sin retardación, a satisfacción y con mayor alivio de las partes.

23. Ha de haber ocho alguaciles; y porque se considera que los derechos que se les señalaren en el arancel no serían bastantes, y para que puedan elegirse personas de mucha satisfacción, se les darán trescientas libras de vellón de Cataluña por salario de [=a] cada uno.

24. [Ha de haber también] un abogado de pobres con trescientas, y un procurador de pobres con doscientas.

25. [Ha de haber también] cuatro porteros con doscientas libras de salario a cada uno, para que asistan a la sala civil y criminal.

26. Se han de hacer visitas de cárceles todos los sábados por los ministros de la Audiencia civil, y dos de lo criminal, y en la de la Audiencia el alguacil mayor, y en los martes por toda la sala criminal con asistencia también del fiscal y alguacil mayor y si dichos días fueren feriados, los precedentes generales, asistiendo el comandante general y toda la Audiencia las vísperas de Navidad, Pascua de Resurrección y de Pentecostés.

27. Se impondrán las penas, y se estimarán las probanzas según las constituciones y práctica que había antes en Cataluña; y si sobre esto ocurriere a la sala criminal alguna cosa que necesite de reformación, se me consultará. Se proseguirán las causas contra los reos ausentes, y si sobre el modo de substanciarlas y ejecución de las penas tuviere algún reparo la sala, me consultará.

28. Los presos de la Audiencia y los del corregidor de Barcelona han de estar con separación, y se han de disponer distintas cárceles para unos y otros; y me reservo la nominación de alcaides de ellas; y se dispondrá que en todas las ciudades, villas y lugares haya cárceles seguras, singularmente en las cabezas de partido.

29. Luego que estuviere formada la Audiencia [ésta] hará arancel de los derechos de ministros y escribanos teniendo presente el [uso] antiguo de Cataluña, y me lo consultará; y mientras no se publique, se observará el antiguo.

30. Ha de haber en Cataluña corregidores y en las ciudades y villas siguientes.

Barcelona, con el distrito de su veguería desde Montgat hasta Castell de Casteldefells y los lugares desde Llobregat hasta Martorell; [tendrá] su corregidor en Barcelona con dos tenientes letrados.

Mataró, que cogerá de la veguería de Barcelona desde Montgat hasta que encuentre la veguería de Girona, y la subveguería del Vallés, [tendrá] su corregidor en Mataró con un teniente letrado, y otro teniente en Granollers, cabeza del Vallés.

Girona [tendrá] su veguería, con la subveguería de Besalú, [y] su corregidor [estará] en Girona con un teniente, y otro que resida en Besalú o Figueras.

Las veguerías de Vic y de Camprodó [tendrán] otro corregidor en Vic, con un teniente, y otro que resida en Olot o Camprodón.

La veguería de Puigcerdá, con la subveguería de Rivas, [tendrán] otro corregimiento; [y] su corregidor [se manda] que resida en Puigcerdá.

Pallars y Conca de Tremp es una subveguería dependiente de Lérida; pero la distancia [y lo] quebrado y montuoso del terreno pide que de esta subveguería se forme un corregimiento, residiendo su corregidor en Talarn.

Las veguerías de Lérida, Balaguer y Tarragona [formarán] un corregimiento con tres tenientes: uno que con el corregidor resida en Lérida, otro en Balaguer, y otro en Tarragona.

Tortosa, Castellanía de Amposta y Ribera de Ebro [formarán] otro corregimiento; su corregidor, y un alcalde mayor [residirán] en Tortosa.

Las veguerías de Tarragona y de Montblanc [formarán] un corregimiento con dos tenientes, el uno con el corregidor en Tarragona y el otro en Montblanc.

Villafranca con su veguería, nombrada [d]el Penedés, y [la] subveguería de Igualada [tendrán] un corregimiento; su corregidor y un teniente [residirán] en Villafranca, y otro teniente en Igualada.

Cervera, con su veguería y la de Agramunt y la subveguería de Prats del Rey formarán otro corregimiento; su corregidor, con un teniente, [residirá] en Cervera y [el] otro en Agramunt.

[La] veguería de Manresa y las subveguerías de Berga, Lluzanés y Moiá formarán un corregimiento [y] su corregidor con un teniente [residirá] en Manresa, y otro teniente en Berga.

De todos los expresados corregimientos me reservo la nominación, y en todos los demás lugares habrá bayles, que nombrará la Audiencia de dos en dos años; y sobre los demás salarios que han de haber, y residencia que se les ha de tomar, consultará la Audiencia con relación de lo que antiguamente había en Cataluña. Los corregidores han de tener un alguacil mayor y en las causas criminales nombrarán un fiscal; y en los lugares de sus distritos podrán hacer causas y prisiones a prevención con los bayles.

31. En la ciudad de Barcelona ha de haber veinticuatro regidores y en las demás ocho, cuya nominación me reservo; y en los demás lugares se nombrarán por la Audiencia en el número que pareciere y se me dará cuenta; y los que nombrare la Audiencia servirán un año.

32. Los regidores tendrán a su cargo el gobierno político de las ciudades, villas y lugares, y la administración de sus propios y rentas; con que no puedan hacer enajenación, ni cargar censos, si no es con licencia mía o del tribunal a quien lo cometiéremos; y los que entraren nuevos reciban las cuentas de los que acaban, con asistencia del corregidor o bayle, el cual hará ejecuciones sobre alcances sin retardación.

33. Los corregidores en los lugares de sus distritos, y los bayles en los de su jurisdicción, teniendo noticia de que algunos regidores han faltado a su obligación en el oficio, harán [inspección] sumaria secreta; y sin pasar a prisión ni embargo, la remitirán al fiscal civil, a cuya instancia, o de la parte interesada, se podrá proceder contra los regidores en lo que hubiesen faltado a sus oficios; y los jueces serán los ministros de la Audiencia civil, los cuales podrán también proceder sobre esto de oficio.

34. Los regidores no podrán juntarse sin asistencia del corregidor o bayles; y los gremios de artesanos o mercaderes, y

cualesquiera otros deberán, para juntarse, avisar al corregidor o bayles para que asista o envíe ministro suyo a la junta, a fin de que se eviten disensiones y todo se trate con la quietud que es justo.

35. Hallándome informado de la legalidad y pericia de los notarios del número de la ciudad de Barcelona, mando, que se mantenga su Colegio; y si sobre sus ordenanzas y lo demás hubiere algo que prevenir, se me consultará por la Audiencia; y ordeno que uno de los ministros de la Audiencia civil sea protector y asista en todas las juntas del Colegio, y se le avisará antes de tenerlas.

36. En el [oficio de] canciller de Competencias y juez llamado del Breve ni [=y] en sus juzgados no se hará novedad alguna por parte de mi Real jurisdicción; como ni tampoco en los recursos que en materias eclesiásticas se practican en Cataluña.

37. Todos los demás oficios que había antes en el Principado, temporales, perpetuos, y todos los comunes, no expresados en este mi Real decreto, quedan suprimidos y extintos; y lo que a ellos estaba encomendado, si fuere perteneciente a justicia o gobierno, correrá en adelante a cargo de la Audiencia. Y si fuere perteneciente a rentas y hacienda, ha de quedar a cargo del intendente o de la persona o personas que yo diputase para esto.[15]

38. Pero los oficios subalternos destinados en las ciudades, villas y lugares para su gobierno político, en lo que no se opusiere a lo dispuesto en este decreto, se mantendrán; y lo que sobre esto se necesitare reformar me lo consultará la Au-

15 Por Real resolución a consulta del Consejo de Hacienda de 18 de marzo de 1750 se declaró que la nominación de oficios de Bayle de Cops, Copero mayor y otros cualesquiera pertenecientes a rentas Reales, corresponde al Consejo de Hacienda y no a la Cámara de Castilla.

diencia, y lo reformará en la forma que se dice al fin respecto de ordenanzas.

39. Por los inconvenientes que se han experimentado en los somatenes, y juntas de gente armada, mando, que no haya tales somatenes, ni otras juntas de gente armada, so pena de ser tratados como sediciosos los que concurrieren o intervinieren.

40. Han de cesar las prohibiciones de extranjería, porque mi Real intención es que en mis reinos las dignidades y honores se confieran recíprocamente a mis vasallos por el mérito, y no por el nacimiento en una u otra provincia de ellos.

41. Las regalías de fábricas de monedas, y todas las demás llamadas mayores y menores, me quedan reservadas; y si alguna comunidad o persona particular tuviere alguna pretensión, se le hará justicia oyendo a mis fiscales.

42. En todo lo demás que no está prevenido en los capítulos antecedentes de este decreto, mando se observen las constituciones que antes había en Cataluña; entendiéndose que son de nuevo establecidas por este decreto y que tienen la misma fuerza y vigor que lo individual mandado en él.

43. Y lo mismo es mi voluntad se ejecute respecto del Consulado de la Mar, que ha de permanecer para que florezca el comercio y logre el mayor beneficio el país.

44. Y lo mismo se observará en las ordenanzas que hubiere para el gobierno político de las ciudades, villas y lugares en lo que no fuere contrario a lo mandado aquí; con que [=y] sobre el Consulado y dichas ordenanzas [y] respecto de las ciudades, villas y lugares cabezas de partidos, [ordeno] se me consulte por la Audiencia lo que [ésta] considerare digno de reformar; y en lo demás lo reforme la Audiencia (auto 16, título 2, libro 3 Recopilación).

Fuentes de la presente edición

Fuente. Todos los documentos son disposiciones contenidas en la *Novísima recopilación de las leyes de España...* (1805), ed. BOE, Madrid 1992 (en adelante NR).

Documento 1 (1707): NR, libro III, título III, ley I (tomo II, págs. 13).

Documento 2 (1707): NR, libro III, título III, ley II (tomo II, págs. 13-14).

Documento 3 (1708): NR, libro III, título III, ley III (tomo II, págs. 14-15).

Documento 4 (1711): NR, libro V, título VII, ley II (tomo II, págs. 403-404).

Documento 5 (1716): NR, libro V, título VIII, ley I (tomo II, págs. 404).

Documento 6 (1715): NR, libro V, título X, ley I (tomo II, págs. 411-413).

Documento 7 (1716): NR, libro V, título IX, ley I (tomo II, págs. 405-409).

Encuadre

Los decretos de Nueva Planta (o «plantilla»), llamados así en conjunto, suprimieron la mayor parte de los fueros de Aragón, Valencia, Cataluña y Mallorca, lo que tuvo importantes consecuencias políticas. Aparecen en la *Novísima recopilación de las leyes de España* en dos secciones distintas. Los primeros decretos (Aragón, Valencia) figuraron en el libro III, referido al rey, como leyes promulgadas por él, tras las leyes generales (título II); se refieren a los, significativamente así llamados, fueros provinciales (título III). Los últimos (Aragón, Valencia, Mallorca, Cataluña) figuraron como leyes de organización de los tribunales reales (chancillerías y audiencias, libro V), referidas a las nuevas Audiencias de Aragón, Valencia, Cataluña y Mallorca respectivamente (títulos 7 a 10).

Los decretos de Nueva Planta recogidos, promulgados a lo largo de nueve años (1707-1716), son solo los principales, los que modificaron radicalmente el estatus jurídico y político de estas comunidades. El desarrollo normativo de las nuevas audiencias, creadas a imagen y semejanza de las castellanas que ya existían, generó más normas, que también están recogidas en la *Novísima*. Hay otras disposiciones que no he recogido en esta selección, que comprende solo las consideradas más importantes.

Los documentos 1 y 2, referidos a Aragón y Valencia (el uno derogando, el otro restaurando parcialmente los fueros), son los más explícitos política y jurídicamente al referirse de forma directa a la supresión del estatus político y parte del derecho de Aragón y Valencia. Prestan poca atención a su corolario necesario, la reordenación de las Reales Audiencias. El documento 3 aclara un aspecto esencial del derecho valenciano: el mantenimiento de la jurisdicción concedida a los señores en tiempos de Alfonso V (señoríos alfonsinos), lo que era fundamental para que se mantuviera como hasta entonces el derecho señorial valenciano, como el rey quiso.

Los documentos 4, 5, 6 y 7 se refieren, finalmente a la organización de las audiencias de Aragón, Valencia, Cataluña y Mallorca y Cataluña. Dan por entendido que el decreto conlleva la supresión de la situación anterior, por lo que en ellos el legislador no se preocupa por describir qué se suprime y solo se refiere a lo que se establece: la nueva planta o plantilla de la audiencia respectiva, el nuevo gobierno municipal y las competencias de ambos.

Los documentos van ordenados cronológicamente, menos el referido a la Audiencia de Valencia, que va junto a la de Aragón porque se refiere en todo a ella.

Los decretos de Nueva Planta han sido objeto de controversias sin fin que están lejos de acabar. No obstante, la edición y lectura, por primera vez, de los textos así agrupados, muestra a mi juicio dos hechos relevantes. El primero es que la Guerra de Sucesión no fue un enfrentamiento entre Cataluña y el resto de España —aunque el final de la guerra acabara siendo así— sino un conflicto que afectó a toda la monarquía y solo se puede entender en un contexto como mínimo nacional. El segundo es que la supresión de los fueros, más o menos justificada, fue producto de una acción política que se aplicó primero a Aragón y Valencia y luego, casi una década después, a Mallorca y Cataluña. Los textos, vistos en conjunto, no forman un todo estructurado, si acaso más los referidos a la reorganización de audiencias y ayuntamientos; no obstante muestran que las decisiones y soluciones emprendidas primero afectaron a Aragón y Valencia y luego fueron aplicadas a Mallorca y Cataluña prácticamente igual. En este sentido Cataluña no fue una comunidad única y distinta, sino una más. Los legisladores aprovecharon la coyuntura política para poner en marcha una doctrina política ya formulada casi un siglo antes: ir conformando las distintas comunidades políticas al estilo y leyes de Castilla para conseguir una mejor gobernación de la monarquía. En otras partes los fueros se mantuvieron: la *Novísima* contiene otros textos que muestran la plena vigencia constitucional de los del País Vasco y Navarra.

Libros a la carta

A la carta es un servicio especializado para
empresas,
librerías,
bibliotecas,
editoriales
y centros de enseñanza;
y permite confeccionar libros que, por su formato y concepción, sirven a los propósitos más específicos de estas instituciones.

Las empresas nos encargan ediciones personalizadas para marketing editorial o para regalos institucionales. Y los interesados solicitan, a título personal, ediciones antiguas, o no disponibles en el mercado; y las acompañan con notas y comentarios críticos.

Las ediciones tienen como apoyo un libro de estilo con todo tipo de referencias sobre los criterios de tratamiento tipográfico aplicados a nuestros libros que puede ser consultado en Linkgua-ediciones.com.

Linkgua edita por encargo diferentes versiones de una misma obra con distintos tratamientos ortotipográficos (actualizaciones de carácter divulgativo de un clásico, o versiones estrictamente fieles a la edición original de referencia).

Este servicio de ediciones a la carta le permitirá, si usted se dedica a la enseñanza, tener una forma de hacer pública su interpretación de un texto y, sobre una versión digitalizada «base», usted podrá introducir interpretaciones del texto fuente. Es un tópico que los profesores denuncien en clase los desmanes de una edición, o vayan comentando errores de interpretación de un texto y esta es una solución útil a esa necesidad del mundo académico.

Asimismo publicamos de manera sistemática, en un mismo catálogo, tesis doctorales y actas de congresos académicos, que son distribuidas a través de nuestra Web.

El servicio de «libros a la carta» funciona de dos formas.

1. Tenemos un fondo de libros digitalizados que usted puede personalizar en tiradas de al menos cinco ejemplares. Estas personalizaciones pueden ser de todo tipo: añadir notas de clase para uso de un grupo de estudiantes, introducir logos corporativos para uso con fines de marketing empresarial, etc. etc.

2. Buscamos libros descatalogados de otras editoriales y los reeditamos en tiradas cortas a petición de un cliente.

www.ingramcontent.com/pod-product-compliance
Lightning Source LLC
Chambersburg PA
CBHW021357160726
47994CB00007B/2993